Contraste insuffisant

NF Z 43-120-14

Illisibilité partielle

Valable pour tout ou partie
du document reproduit

Couvertures supérieure et inférieure manquantes

RAOUL GLABER

I.

Raoul Glaber est né au xe siècle, à une date qui doit se rapprocher de l'an 985, et sa vie dut se prolonger jusqu'au milieu du xie siècle, c'est-à-dire jusqu'après les derniers événements relatés dans sa chronique.

On sait peu de chose sur sa biographie, en dehors de quelques brèves mentions que son livre fournit. On ne connaît que par les confidences du vieillard les mauvais penchants et les habitudes perverses de sa jeunesse. Désespéré d'une précocité que la vivacité du sang bourguignon ne pouvait suffisamment excuser, un de ses oncles, qui était moine, le força à embrasser l'état monastique, alors qu'il était à peine âgé de douze ans [1]. L'enfant grandit sans pouvoir dominer les passions de son indomptable nature, malgré les bons exemples qu'il avait sous les yeux : « J'avais changé d'habit, dit-il, non de « caractère. Chaque fois que les pères ou les frères me donnaient de « sages conseils, inspirés par une modeste et sainte charité, un orgueil « farouche enflait mon cœur et se dressait comme un bouclier entre « eux et moi pour repousser leurs salutaires remontrances [2]. »

Fut-il placé d'abord, non dans le monastère de Saint-Léger, comme l'affirment tous les commentateurs, mais dans l'abbaye de Saint-Germain d'Auxerre? Telle est la première question.

La lecture du chapitre I du livre V [3], dans lequel Raoul Glaber, après avoir parlé de sa première vision à Saint-Léger, raconte les fautes de sa jeunesse et son expulsion du couvent, pouvait en effet faire croire qu'il s'agissait du même monastère. Mais il y a une dif-

---

1. « Cum essem ferme duodennis. » Livre V, chap. I, p. 116 de l'édition de M. Maurice Prou, la seule dont nous nous servirons dans cette notice.
2. Livre V, chap. I, p. 116.
3. Livre V, chap. I, pp. 115-116.

ficulté à cela. Le texte de la chronique eile-même, et les révélations d'un diplôme contemporain, vont nous montrer ce qu'il faut penser de cette assertion. A la suite des aveux, où l'auteur expose que les frères lui ont fermé les portes du couvent, il dit : « Dehinc seniori-« bus non obediens, coæqualibus molestus, juvenioribus onerosus, « atque, ut vera fatear, universis meis presentia gravedo erat, leva-« men absentia [1]. » Il s'agit ici d'une abbaye florissante et populeuse, comprenant des moines de tout âge en nombre assez considérable ; tel n'était malheureusement pas le cas de Saint-Léger, même après la soumission de cette maison à Saint-Germain d'Auxerre et à l'abbé Heldric, l'an 994 ou 995, « anno VIII regum Hugonis atque Roberti [2]. » En confirmant la donation de Henri le Grand, duc de Bourgogne, qui mettait le monastère de Saint-Léger sous la dépendance de Saint-Germain d'Auxerre, les deux rois relatent en même temps la restitution de la terre de Magny, à condition qu'il y aurait toujours huit moines, « scilicet ut in prefata *abbatiola* semper octo sint monachi. » Raoul Glaber n'aurait donc pu se servir des termes cités plus haut, s'il n'avait été en rapport qu'avec quelques religieux. Le monastère de Saint-Léger, où il eut une vision, n'a rien de commun avec celui dans lequel il entra en religion et dont il fut expulsé [3].

L'abbé Lebeuf [4] ne paraît donc pas s'être trompé en affirmant que Glaber était né à *Auxerre ou dans les environs*, et que son oncle était *moine de Saint-Germain d'Auxerre*. Il avait bien vu que, pour ce seul monastère, l'auteur emploie des termes « rogatus a fratribus *nostris* [5], » « discedens venit ad *nostros* [6], » etc., dont il ne s'est jamais servi pendant son séjour dans les autres abbayes [7]. Il a pu se tromper,

1. Livre V, chap. ɪ, p. 116.

2. Voir ce diplôme dans Dom Bouquet, *Recueil des historiens de France*, t. X, p. 562 ; Mabillon, *Diplom.*, p. 578 ; *Cartulaire général de l'Yonne*, t. I, pp. 157-159.

3. C'est du monastère dans lequel il fut mis par son oncle que Glaber fut expulsé et non de celui dans lequel il eut une vision, « predicti loci fratres ins-« tigati expulserunt me ; » et tout ce passage est incidemment rapporté à la suite de la vision de saint Léger. Le chroniqueur ne se doutait guère des discussions contradictoires qui devaient s'élever au sujet de la confusion et du laconisme de ses écrits. Remarquons qu'il dit pour Saint-Léger : « dum *ali*-« *quando* positus degerem. »

4. *Histoire d'Auxerre*, nouv. édit., t. IV, pp. 384-385.

5. Livre V, chap. ɪ, p. 120.

6. Livre V, chap. ɪ, p. 121. Ce sont, du reste, les arguments que M. Sackur (*Neues Archiv der Gesellschaft für ältere deutsche Geschichtskunde*, t. XIV, pp. 377-418) et M. Julien Havet (*Revue historique*, 14ᵉ année, mai-juin 1889, pp. 41-48) ont employés pour prouver que Glaber avait fini ses jours et sa chronique, non à Cluni, mais à Saint-Germain.

7. Comment supposer qu'un auteur étranger à l'Auxerrois ait pu parler avec

comme tout le monde, en pensant que Glaber avait d'abord été amené à Saint-Léger. Glaber a commencé et fini sa carrière à Saint-Germain.

Antérieurement et pendant l'époque de la conquête de la Bourgogne par le roi Robert, c'est-à-dire aux IXe et Xe siècles, la cité d'Auxerre avait une importance exceptionnelle, qu'elle a bien perdue depuis; elle était le centre géographique et le centre d'action du duché de Bourgogne. Les écoles de Saint-Germain étaient célèbres; Raoul Glaber put y acquérir une instruction et des connaissances littéraires, qui lui donnèrent quelque supériorité sur ses camarades et qui furent pour lui un sujet de vanité[1]. Les heureuses dispositions de son esprit ne purent modifier la légèreté de son caractère et l'irrégularité de sa conduite. Il fut interné pendant quelque temps[2], et probablement par mesure disciplinaire, dans le monastère de Saint-Léger de Champeaux, près Pontailler-sur-Saône[2]. Dans cette triste solitude, loin de la vie animée de Saint-Germain, il put regretter ses fautes passées, et c'est là qu'il eut une première vision.

Raoul Glaber était-il à Auxerre, en 1002 et 1003, lors de la mort de Henri le Grand, duc de Bourgogne, et de l'invasion du roi Robert? Les détails qu'il donne[4] et les noms qu'il cite, noms parfois inconnus, comme ceux des moines Gilbert[5], Girard[6], etc., permettent de le supposer. Les indications biographiques qu'il fournit à cette époque sur Hugues de Chalon, évêque d'Auxerre et comte de Chalon, sur sa naissance, sur la fondation de Paray, sur son rôle dans la guerre de Bourgogne, indications qui se trouvent en partie reproduites dans le

---

autant de sûreté de certains personnages et de certaines localités, de Joigny et du seigneur Arlebaud (livre II, chap. x, p. 48), d'Aillant (idem), de Bovo de Seignelay, de son fils Alvalon (livre V, chap. ı, pp. 119-120), etc.?

1. « ... dictante superbia, » dit-il en parlant de lui (livre V, chap. ı, p. 116).

2. « Dum *aliquando* in Beati Martyris Leodegarii monasterio quod Capellis « cognominatur positus degerem. » (Livre V, chap. ı, p. 115.)

3. Le prieuré de Saint-Léger de Champeaux devait son origine à un monastère de filles, richement doté par Théodrade, fille de Charlemagne, et avait eu le titre d'abbaye, en 826, lorsque les bénédictins l'occupèrent. Ses biens avaient été pillés, et, au moment de la Réforme et de la soumission à Saint-Germain d'Auxerre, le monastère (*abbatiola*) avait peu d'importance. L'armée de Galas détruisit le couvent, en 1636, dispersa les moines et brûla les archives, dont il ne reste maintenant plus trace aux Archives de la Côte-d'Or.

4. Livre II, chap. viii, pp. 41-44.

5. Livre II, chap. viii, p. 43. Ce Gilbert ne serait-il pas le même que l'auteur de la Vie et des Miracles de saint Romain? Gilbert était également bénédictin et vivait à Auxerre, comme le dit Fabricius. Son ouvrage est inséré dans le *Seculum I Benedict.* (Voir l'abbé Lebeuf, *Histoire d'Auxerre*, nouv. édit., t. IV, p. 385.)

6. Livre V, chap. ı, p. 118.

chapitre du *Gesta Pontificum Autissiodorensium*, relatif à cet évêque, fortifient cette opinion. Mais à ces raisons déjà données il convient d'en ajouter une autre non moins sérieuse. Plus loin se trouve mentionné le moine Achard, qui était alors prévôt de Saint-Germain ; Glaber en parle avec un éloge, « eruditissimum valde virum, » qui prouve qu'il l'avait bien connu. Or, c'est seulement dans cette première période de sa vie que Raoul Glaber a pu connaître Achard, car, comme on va le voir, il n'était plus à Saint-Germain lorsque ce prévôt devint abbé, en 1010, et il n'y rentra que longtemps après la mort d'Achard[1].

En avançant en âge, il ne put vaincre la légèreté de son humeur et l'indocilité de son caractère. Insubordonné à l'égard de ses supérieurs, importun aux religieux de son âge, tyrannique avec les plus jeunes, insupportable pour tout le monde, on prit le parti de l'expulser de Saint-Germain d'Auxerre, avec la certitude que ses connaissances et ses notions de littérature lui ouvriraient facilement les portes d'un autre monastère.

II.

Raoul Glaber trouva d'abord, je crois, un refuge dans l'abbaye de Réome ou Moutier-Saint-Jean[2], par l'entremise probable de l'abbé Heldric, qui, sur la fin de sa carrière, exerça simultanément les fonctions d'abbé de Saint-Germain d'Auxerre, de Flavigny et de Moutier-Saint-Jean[3].

Ce n'était peut-être pas la première fois que Glaber visitait ce monastère, car, au moment du siège d'Auxerre, le roi Robert avait

---

1. Achard, d'abord prévôt, fut ensuite abbé de Saint-Germain d'Auxerre de 1010 à 1020. Voir les manuscrits de Dom Viole à la bibliothèque d'Auxerre et le *Gallia christiana*, t. XII, pp. 376-377. Achard succéda à Heldric, décédé xix kal. febr. 1010.

2. Moutier-Saint-Jean, jadis du diocèse de Langres et du comté de Tonnerre, est maintenant un bourg du canton de Montbard, arr. de Semur-en-Auxois (Côte-d'Or). Cette abbaye, fondée par saint Jean au v° s., sur les bords du ruisseau de Réome, qui lui avait donné son nom, est l'une des plus anciennes de France et la plus ancienne de Bourgogne. Les titres et les chartriers en ont été entièrement brûlés par les huguenots, en 1567, ainsi que le constate un procès-verbal de notre cabinet. L'histoire en a été faite en un volume in-4° assez rare : *Reomaüs, seu Historia monasterii Sancti Johannis*, a Petro Roverio. Paris, 1637.

3. Voir le *Gallia christiana*, t. XII, pp. 376-377 ; t. IV, p. 459 et p. 661. Les indications fournies à cette époque par le *Gallia* et par le *Reomaüs* ne sont pas toujours exactes ; nous donnerons de nombreuses rectifications dans la *Burgundia christiana*, t. I, Ecclesia Lingonensis.

ordonné à Heldric de quitter cette ville ainsi que les moines, à l'exception de huit religieux préposés à la garde de Saint-Germain[1]; le reste de la communauté se réfugia à Moutier-Saint-Jean[2], où elle ne séjourna que très peu de temps.

Habitant le pays, j'ai été frappé de tous les passages de la chronique relatifs à cette abbaye. Les dates du jour auquel se rapporte chaque événement sont soigneusement indiquées. Il y a une précision de faits, une exactitude dans la désignation des noms de lieux et des menus détails qui, pour ceux qui ne connaissent pas la localité et ne sont pas au courant des affaires de ce monastère au xe siècle, risquent fort de rester incompris. Le lecteur peut très bien ignorer ce qu'était l'autel de Saint-Maurice, ce qu'était l'église Saint-Paul, et peut-être n'avait-il jamais entendu parler de Thivauche, qui devait être alors, comme aujourd'hui, un hameau fort insignifiant.

Lorsque l'auteur raconte les faits qui se passent à l'église de Saint-Maurice de Corsaint[3] le dimanche des octaves de la Pentecôte[4], lorsqu'il reproduit le texte même des paroles prononcées par le prélat qui officiait, tout porte à croire qu'il assistait à la cérémonie, dont le souvenir lui était resté vingt ans plus tard quand il écrivait son livre II. L'église de Saint-Maurice n'était pas dans l'abbaye même, mais à quelques kilomètres de là, à Corsaint, où le fondateur, saint Jean, par son expresse volonté, avait désiré être inhumé[5], et où ses restes séjournèrent jusqu'à leur translation dans l'enceinte du monastère[6]. Cet événement fit adopter et prévaloir pour cette localité de Saint-Maurice le nom de Corsaint, et donna lieu à plusieurs cérémo-

1. Livre II, chap. viii, pp. 42-43.

2. Lebeuf, *Histoire d'Auxerre*, nouv. édit., t. III, p. 55. L'abbé Lebeuf était parfaitement renseigné. Il avait en main tous les papiers de Dom Viole et les travaux d'un écrivain très consciencieux de la fin du xiiie siècle, Guy de Munois, abbé de Saint-Germain (1285-1309), qui a laissé un excellent cartulaire conservé à la bibliothèque d'Auxerre.

3. Corsaint, anciennement du doyenné de Moutier-Saint-Jean, est aujourd'hui une commune de l'arrondissement de Semur-en-Auxois (Côte-d'Or).

4. « Dominica dies octava Pentecostes. » Livre II, chap. ix, p. 45. Ce jour devait être l'anniversaire de la dédicace de l'église, car on lit dans le martyrologe de Moutier-Saint-Jean, ms. original du commencement du xive siècle, à la bibliothèque de la ville de Semur, la mention suivante : « *XIV kal. junii in Reomaensi monasterio dedicatio ecclesiæ S. Mauricii martyris, in qua Sanctus Johannes confessor corpore quiescit.* »

5. « In loco quem ipse predixerat, » Jonas, abbas Sancti Columbani, *Vita sancti Johannis; Reomaüs*, p. 23.

6. « Dicam enim inferius sepultum primo S. Johannem in ecclesia Corporis « Sancti, qui vicus est in agro Reomaensi, atque inde in ecclesiam claustri « translatum. » *Reomaüs*, p. 495.

nies religieuses que les moines de Moutier-Saint-Jean avaient coutume d'y célébrer à diverses époques de l'année. Thivauche, « Tivalgas, » dont il est question au livre V[1], est un hameau dépendant de ce même village.

Ailleurs la chronique raconte la scène qui se passe le jour de Pâques, lorsque le calice tomba des mains du prêtre qui disait la messe à l'église dédiée à saint Paul, « in ecclesia, que monasterio adjacet, « Beati Pauli nomine dicata[2]. » Ces termes *que monasterio adjacet* suffiraient à prouver que Glaber connaissait parfaitement la localité.

Dans une rédaction si sobre d'indications personnelles, on ne peut espérer voir l'auteur se mettre en scène à chaque page, mais il faut de la mauvaise volonté pour ne pas reconnaître un témoin oculaire dans le récit des événements et dans la mention de localités indiquées avec une telle exactitude.

Glaber n'est pas seulement au courant de ce qui se passe au couvent de Réome, « quod est situm in pago Tarnodorense[3], » il connaît aussi les moines de Tonnerre à la même époque : « Apud castrum « Tarnoderensem erat quidam presbiter religiose degens, Frotterius « nomine, tempore quo Bruno Lingonum presulatum tenebat[4], » etc.

N'insistons pas. Raoul Glaber devait être à Moutier-Saint-Jean pendant le pontificat de Brunon de Rouci, évêque de Langres, décédé en 1016.

Le récit du chroniqueur permet de resserrer encore les dates et de préciser l'époque de son séjour dans ce monastère.

L'incendie de Réome[5], ainsi que les épisodes relatifs à Thivauche et à l'église Saint-Paul, ont eu lieu pendant que Guillaume en était abbé, « tempore venerabilis Willelmi abbatis. » Or, Guillaume n'eut le gouvernement de Moutier-Saint-Jean que depuis l'an 1010, date de

1. Livre V, chap. i, p. 124.

2. L'église sous le vocable de la conversion de saint Paul était l'église paroissiale de Moutier-Saint-Jean, la seule au service des habitants, et le chef-lieu du doyenné. Elle est située au nord du bourg, dont l'abbaye occupait le sud, et touchait presque les murailles des grands vergers du monastère. La Saint-Paul est encore la grande fête du pays et y attire les populations des villages voisins.

3. Livre II, chap. ix, p. 45.

4. Livre V, chap. i, p. 118. Nous savons, par une charte de 1002, du cartulaire de Saint-Michel de Tonnerre, que Frottier était doyen de cette ville, « Frottierius decanus; » il dut conserver ces fonctions assez longtemps après cette date. Voir *Ancienne porte romane de Tonnerre*, par Le Maistre. Auxerre, 1848, p. 8.

5. « Apud monasterium Reomaense, tempore venerabilis Willelmi abbatis, « casu contigit ut incendium circumjacentia monasterii depopularetur. » Livre V, chap. i, p. 124.

la mort d'Heldric, jusqu'en 1015, alors qu'il en fut privé par le roi Robert.

Les faits concernant le moine *Vulferius*, l'autel de Saint-Maurice de Corsaint et les événements racontés dans le paragraphe suivant[1], remontent à une époque antérieure, à l'époque où Achard était prévôt de Saint-Germain d'Auxerre, c'est-à-dire avant 1010[2].

Autre observation. Le récit de ces derniers épisodes suit, dans le livre II, le chapitre du siège d'Auxerre, en 1003.

On peut donc admettre que Glaber séjourna à Moutier-Saint-Jean de 1004 ou 1005 à 1015.

Par suite, il était déjà à Moutier-Saint-Jean, en 1010, quand l'évêque Brunon, après la mort d'Heldric, chargea Guillaume, abbé de Saint-Bénigne, de prendre le gouvernement de ce monastère[3]. C'est à ce moment que Glaber eut probablement la première occasion de se rencontrer avec le saint abbé.

Mais cinq ans plus tard, en 1015, le roi Robert, pour être désagréable à l'évêque de Langres, qui contrecarrait tous ses projets de conquête en Bourgogne, enleva l'abbaye de Moutier-Saint-Jean à Guillaume[4], pour la donner à un de ses plus fidèles partisans, Azelin ou Aganon, frère de Jean de Marzy, tous deux fils d'Eudes, vicomte de Beaune et de Ingola[5]. Cet abbé, qui exerça ses fonctions pendant vingt-sept ans

1. Livre II, chap. IX, pp. 45-47.

2. Livre II, chap. IX, p. 47. Achard, d'abord prévôt, ne devint abbé de Saint-Germain qu'après la mort d'Heldric, en 1010, comme nous le disons ailleurs.

3. Le *Gallia christiana*, t. IV, p. 661, fait avec raison succéder Guillaume à Heldric, contrairement au *Reomaüs* qui, pour cette époque, donne une liste fantaisiste d'abbés. Seulement, la date de 1009, donnée à cette page du *Gallia* pour la mort d'Heldric, n'est pas exacte. La date réelle est mieux donnée au t. XII, p. 377, à propos des abbés de Saint-Germain et d'après le nécrologe de l'église d'Auxerre : XIX kal. febr. 1010.

4. « ... Ut cum rex Francorum Rotbertus, cum exercitu maximo hanc patriam « sepe intrans, incendiis et rapinis plurima loca vastaverit, nihil in ea retinere « potuit, quamdiu Bruno episcopus vixit. Et quia ei nocere non poterat, hujus « malivolentie causa domno abbati Willelmo tulit abbatiam sancti Joannis monas-« terii Reomensis, eo quod partibus favebat, *ut justum erat,* sui Pontificis. » (*Chronique de saint Bénigne, Analecta Divionensia*, p. 173.)

5. « Odo, Belnensis vicecomes, ex consensu uxoris sue nomine Inge, et filio-« rum ejus, Aquionis, abbatis, Joannis, etc... » (*Chronique de saint Bénigne, Analecta Divionensia*, p. 116.) Ailleurs, p. 164 de la même chronique, on voit que ce vicomte Eudes était fils (naturel) de Henri le Grand, duc de Bourgogne. L'abbé Aganon ou Azelin est omis par le *Reomaüs ;* il est rétabli au *Gallia christiana*, t. XII, p. 661, qui ne le cite qu'en 1042 et met avant lui un Guido qui n'existe que dans la liste de remplissage du *Reomaüs*, liste que le P. Royer a eu le tort d'insérer dans son excellent livre. Aganon ou Azelin était déjà abbé sous l'évêque Brunon, puisque cet évêque ratifie une donation dans laquelle il

au moins, de 1015 à 1042, n'est pas une seule fois cité par Glaber.

Il n'est pas douteux que les religieux de Moutier-Saint-Jean, qui, comme tous les moines de Bourgogne, étaient attachés à leur évêque et hostiles au roi Robert, n'aient vu d'un mauvais œil l'arrivée de ce nouvel abbé, qu'ils regardaient comme un intrus.

III.

A ce moment, Raoul Glaber était dans la force de l'âge; la fougue de la jeunesse était depuis longtemps passée, il approchait de ses trente ans et avait acquis de l'expérience. L'abbé Guillaume, qui avait sans doute reconnu sa valeur et apprécié la distinction de son esprit, l'avait pris en affection et semble l'avoir admis dans son intimité. Il l'emmena avec lui à Saint-Bénigne de Dijon.

Ce sentiment se fortifie lorsqu'on lit dans la vie de saint Guillaume [1] les pages relatant les cérémonies de la bénédiction de l'église de Saint-Bénigne; les détails sont hors de proportion avec le reste du travail et trahissent les impressions d'un témoin oculaire. L'auteur, frappé par l'éclat de cette solennité, parle de l'innombrable concours des populations qui y accoururent de diverses provinces, des prélats qui y assistèrent, et rapporte en entier le sermon que Guillaume prononça en cette circonstance, un sermon de deux pages. Glaber se rappelle bien que la cérémonie eut lieu un troisième jour des calendes de novembre [2], mais il ne peut indiquer l'année avec précision; il affirme seulement que cette dédicace eut lieu lorsque l'évêque Brunon était déjà décédé et que Lambert l'avait remplacé sur le siège de Langres [3].

---

figure comme abbé. Voir *Chronique de saint Bénigne, Analecta Divionensia,* p. 166, et à notre connaissance il eut cette qualité depuis 1015 jusqu'en 1042. Il en est souvent question dans notre *Histoire des ducs de Bourgogne de la première race,* et son nom est cité sous ces deux formes Azelin et Aganon dans diverses pièces, t. I, pp. 353, 354, 358, 360, 361, 364, 371. Ce personnage était au nombre des fidèles et des familiers du roi Robert et ensuite de son fils Robert, duc de Bourgogne. Nous joindrons de nouvelles preuves dans le t. I de notre *Burgundia christiana,* Ecclesia Lingonensis.

1. *Vita Guillelmi,* chap. xxi et xxii; voir dans le *Reomaüs,* pp. 140-143; Mabillon, *Acta sanctorum ordin. S. Benedicti,* sæcul. VI, I, p. 320; les Bollandistes, *Acta sanctorum,* janvier, t. I, p. 57; Migne, *Patrol. lat.,* vol. CXLII, col. 697.

2. « Erat autem autumni dies tertius calendarum novembrium. » *Vita Guillelmi,* chap. xxi; *Reqmaüs,* p. 141.

3. «... num Brunone defuncto, Lamberto que in sede illius subrogato, placuit « ut eadem basilica Pontificali ex more benedictione sacraretur. » *Vita Guillelmi,* chap. xxi; *Reomaüs,* p. 140.

Cette incertitude même est pour nous un indice et prouverait que déjà Glaber était à Saint-Bénigne à la mort de Brunon, mais il en dit assez pour nous fixer sur la date de la bénédiction de l'église. Il faut chercher après 1016 un dimanche qui corresponde au troisième jour des calendes de novembre, le dimanche étant le seul jour que l'on choisissait pour la célébration des cérémonies religieuses de ce genre, et il se trouve que c'était le dimanche 30 octobre 1020.

Il était naturel de penser que les rapports entre le chroniqueur et l'abbé remontaient à une époque déjà ancienne, pour que Guillaume ait pu accorder sa confiance à Glaber, l'ait admis dans son intimité et en ait fait l'un de ses compagnons de voyage en Italie, en 1025, lorsqu'ils assistèrent à la dédicace du monastère de Suze, le dimanche 17 octobre [1].

De retour à Saint-Bénigne de Dijon, Glaber résida quelque temps, entre 1026 et 1028, dans l'abbaye de Bèze, soumise à l'autorité abbatiale de Guillaume [2]. Il eut occasion d'y voir Odolric, évêque d'Orléans, qui voyageait dans ces contrées [3]. Mais son séjour dans ce monastère ne fut que temporaire, puisqu'il déclare lui-même avoir ensuite quitté l'abbé avant sa mort (vendredi 1er janvier 1031) pour passer dans une autre maison non soumise à son autorité [4].

Cette séparation dut avoir lieu après la mort d'Othe-Guillaume, comte de Bourgogne, après la prise de possession de Dijon par le roi Robert, en 1026-1027, et, très probablement, en 1030, à l'époque où le roi revint dans le duché pour réduire ses fils révoltés, et alors que commença une guerre pire qu'une guerre civile [5].

En effet, la chronique rappelle à cette occasion l'épisode qui eut

1. « Et egomet cum sepius nominato abbate illuc deveniens intereram. » (Livre IV, chap. III, p. 97.) L'année 1025 est la seule des années qui précèdent 1030, pour laquelle le XVI des calendes de novembre tombe un dimanche, comme l'observe avec raison M. Julien Havet, *Note sur Glaber; Revue historique*, 1889, mai-juin, p. 44.

2. « ... positus tunc apud Besue monasterium. » (Livre IV, chap. V, p. 107.) Ce séjour à Bèze eut lieu au temps où l'empereur Constantin VIII régnait seul à Constantinople (idem, p. 108), c'est-à-dire entre 1025 et 1028; comme Glaber était encore en Italie à la fin d'octobre, il n'a pu être envoyé à Bèze qu'en 1026 au plus tôt.

3. Livre IV, chap. IV, p. 117.

4. « Testor... ut sensi illum ad horam amaricatum, sesessi in aliud cœnobium « ipsius ditioni minime subditum. » (*Vita Guillelmi*, chap. XXIV.) Ce monastère ne pouvait être Bèze, puisque Guillaume en était abbé et fut remplacé après sa mort par l'abbé Ogier. (Voir *Chronique de Bèze, Analecta Divionensia*, pp. 317-318.)

5. « Pro quibus rex gravi turbatus merore, colligens exercitum, ascendit « Burgundiam, bellum plusquam civile patratur. » (Livre III, chap. IX, p. 84.)

lieu au château de Dijon, lorsque le roi, prenant conseil de Guillaume, en reçut cette dure réponse : « Souviens-toi, ô roi, des injures et des « opprobres que tu as fait essuyer à ton père et à ta mère pendant « ta jeunesse ; par la permission de Dieu, tu es traité par tes enfants « comme tu as traité tes parents. »

On pourrait déduire de ces remarques que Raoul Glaber avait été pendant vingt ans, de 1010 à 1030, sous les ordres de l'abbé Guillaume, cinq ans à Moutier-Saint-Jean et quinze ans à Dijon.

Plus tard, il ne fut pas sans remords de l'avoir quitté, malgré l'attachement qu'il lui portait, à la suite de fautes dont Guillaume lui avait fait des reproches[1] que son caractère vif et orgueilleux ne pouvait supporter.

Nous ne savons dans quel monastère, non soumis à Guillaume, Glaber se rendit tout d'abord. Si c'eût été Cluni, où il était au moment où il écrivait ces lignes, il l'aurait dit ; les termes qu'il emploie semblent prouver le contraire. Mais son séjour dans cette résidence inconnue ne dut être que passagère et de quelques mois seulement.

IV.

De 1031 à 1033, Glaber devait être à Cluni.

Tout porte à le croire à la lecture de ces pages les plus effrayantes de l'histoire du moyen âge, que tout le monde connaît, dans lesquelles il trace le tableau de la famine qui affligea nos contrées et les scènes lugubres dont il déclare avoir été témoin[2]. Il s'y trouvait probablement encore quand Odilon reçut en présent le butin enlevé aux Sarrazins, sujets du seigneur de Baléares, à la suite d'une victoire des chrétiens, vers l'an 1035[3].

Mais là s'arrête, croyons-nous, le récit des faits dont il avait pu prendre connaissance à Cluni. Au paragraphe suivant, qui termine le quatrième livre, nous nous retrouvons à Auxerre, où est indiquée la mort de Hugues, comte de Chalon et évêque d'Auxerre, du comte Renaud, de Landry, comte de Nevers, etc.[4].

Il n'y a pas apparence que Glaber resta plus de cinq ans à Cluni ; on en verra plus loin les raisons.

1. « Cum esset meorum culpis fascinarum offensus... secessi in aliud cœnobium « ipsius ditioni minime subditum. » (*Vita Guillelmi*, chap. xxiv.)

2. Livre IV, chap. iv, pp. 99-103.

3. Livre IV, chap. vii, p. 110. Voir M. Julien Havet, mémoire précité, p. 45 ; M. Sackur, id., p. 405, note 2.

4. Livre IV, chap. ix, p. 526. Le fait le plus récent est la mort de Hugues de Chalon, évêque d'Auxerre, décédé le 4 novembre 1039.

Pendant son court séjour dans ce monastère, il eut la faveur de saint Odilon, grâce à ses connaissances littéraires qui lui assignaient un rang honorable dans cette maison, illustrée par tant d'hommes éminents dans tous les genres. D'ailleurs, il le connaissait depuis longtemps ; il l'avait vu à Saint-Germain d'Auxerre, en 1003, lorsque l'abbé Heldric était venu avec Odilon implorer la clémence du roi Robert ; depuis, il l'avait rencontré à Saint-Bénigne de Dijon, lorsque l'abbé Guillaume eut recours à l'autorité d'Odilon pour épargner les ravages du monastère menacé par l'armée royale.

C'est à Cluni, pendant les années comprises entre 1030 et 1035, que Raoul Glaber composa le premier livre de sa chronique et la plus grande partie du livre II[1]. A ce moment, il interrompit son travail pour écrire la *Vie de Guillaume*, dans laquelle il nous apprend lui-même au chapitre xxiv, qui est l'avant-dernier de cet opuscule, qu'ayant vu l'abbé en songe, il avait entendu ces paroles : « Ne m'ou-« blie pas, je t'en prie, s'il est vrai que je t'aie sincèrement aimé ; « accomplis plutôt, je le désire, l'œuvre que tu m'as promise. » Et il ajoute : « Ipsius namque imperio maximam jam partem eventuum « que circa et infra incarnati Salvatoris annum contigere millesimum « descripseram[2]. » Glaber s'était donc engagé auparavant par-devant l'abbé Guillaume à écrire les événements contemporains, et déjà une certaine partie de ce travail était fait.

Dans la préface dédiée « au plus illustre des hommes célèbres, à « Odilon, père du monastère de Cluni, » Glaber déclare qu'il se met à l'œuvre par ordre de ce dernier : « Et idcirco, prout valeo, vestre « preceptioni ac fraterne voluntati obedio. » L'abbé Odilon avait donc confirmé et renouvelé l'ordre qui lui avait été précédemment donné par l'abbé Guillaume[3].

V.

Il devait tarder à Raoul Glaber de revoir son pays natal, de rentrer à Saint-Germain d'Auxerre, où il avait pris l'habit monastique, où s'étaient écoulées ses premières années d'enfance, et dont plus de trente années d'absence ne lui avaient pas fait perdre le souvenir.

1. Il faut accepter sur ce dernier point les conclusions de M. Julien Havet, qui sont inattaquables (mémoire précité).

2. *Vita Guillelmi*, chap. xxiv.

3. En discutant les allégations de M. Sackur, M. Julien Havet a le premier établi, par de judicieuses observations, l'ordre et la date des travaux de Glaber. M. Sackur n'avait établi qu'un point, qui a aussi son importance, c'est que, contrairement à l'opinion commune, Glaber avait terminé sa vie et son œuvre à Auxerre et non à Cluni.

Les circonstances étaient d'autant plus favorables pour lui que le nouvel abbé, Eudes, nommé en 1032, était sans doute un ancien condisciple et camarade[1], avait été élevé comme lui à Saint-Germain d'Auxerre et, comme lui, avait été pendant quelque temps religieux à Moutier-Saint-Jean[2].

Il y revint en effet vers 1035, précédé par une réputation littéraire qui lui permettait de porter la tête haute. Reconnaissant sa supériorité et sa compétence, les religieux lui conflèrent le soin de rétablir les inscriptions des autels de Saint-Germain et les épitaphes anciennes rongées par le temps[3]. L'ardeur avec laquelle il s'acquitta de cette tâche lui occasionna des douleurs qui le retinrent quelque temps à l'infirmerie[4]. Mais il reprit son travail, restaura les légendes qui ornaient les tombeaux, décora les vingt-deux autels de la grande église et composa des vers hexamètres à la mémoire des plus illustres personnages qui y étaient inhumés[5]. Nous devons aux recherches de M. Maurice Prou, l'éditeur de notre chronique, une notice éminemment utile et curieuse sur les *Inscriptions antiques de Saint-Germain d'Auxerre*[6].

Les divers travaux, dont Glaber s'était acquitté à la satisfaction de tous, excitèrent cependant l'envie et les critiques d'un religieux qui de Cluni était venu visiter Saint-Germain, et qui chercha à lui nuire dans l'esprit de l'abbé et des moines[7].

Les restaurations dont on vient de parler furent faites par Glaber aussitôt après sa sortie de Cluni, mais il y a un mot qui prouve qu'elles furent faites assez longtemps avant la rédaction de ce passage du cinquième livre, et qu'il faut par conséquent reculer le plus possible la date de son arrivée à Saint-Germain, ce qui abrège d'autant son séjour à Cluni : « preterea egomet, *quondam* rogatus a conversis

1. « A pueritia apud S. Germanum educatus. » (*Gallia christiana*, t. IV, coll. 377.)

2. Eudes fut religieux non abbé de Moutier-Saint-Jean, contrairement à ce que dit le *Gallia christiana*, t. IV, coll. 377, sur la foi du *Reomaüs*, p. 456.

3. Livre V, chap. I, p. 120.

4. Livre V, chap. I, p. 120. « ... quoniam illorum oratorium contiguum erat « domui infirmorum. »

5. Livre V, chap. I, p. 120.

6. *Gazette archéologique*, XIIIe année, 1888, p. 299-303. M. Prou, à force de patience, a eu la bonne fortune de pouvoir reconstituer un certain nombre d'inscriptions recouvertes par un badigeon au XVIe siècle.

7. Livre V, chap. I, pp. 120-121. Dans le même paragraphe on lit : « Sed, ut « pater Odilo sepius plangere *solitus fuerat*, ita contigit... » C'est donc bien après son retour de Cluni qu'eurent lieu les restaurations faites par Glaber et son séjour à Saint-Germain, comme l'ont du reste prouvé MM. Sackur et Julien Havet.

« et fratribus nostris ejusdem loci, ut altariorum titulos..... reforma-
« rem [1]. » Son dernier livre, qui contient ce passage, relate des faits
de 1044 et a dû être composé en 1045 ou plus tôt; pour accepter ce
quondam on doit supposer qu'une dizaine d'années au moins se sont
écoulées entre l'époque à laquelle il faisait ces restaurations et celle
où il les racontait. C'est pourquoi nous avons adopté 1035 comme
date probable de sa sortie de Cluni. Il est vrai que l'auteur abuse un
peu des conjonctions et des adverbes, mais une telle locution placée
ici avait une signification dont il est utile de tenir compte.

Dans cette période de sa vie, Glaber fut envoyé à l'abbaye de Mel-
leraye, aujourd'hui Moustiers, en Puisaie [2], qui relevait de Saint-Germain, pour y exécuter des travaux analogues à ceux qu'il avait faits à
Auxerre; on n'en peut douter en lisant cette phrase : « una noctium
« dum matutinorum pulsaretur signum, et ego *labore quodam fes-*
« *sus* [3]. » L'*épigraphiste* Glaber allait mettre la dernière main aux
constructions et aux réparations importantes exécutées à Moustiers
par le moine Théalde [4].

Le reste de l'ouvrage de Glaber fut écrit à Auxerre, comme le dit
M. Havet. On peut être certain que le dernier chapitre du livre II, le
livre III, le livre IV et les premiers chapitres du livre V furent com-
posés entre 1035 et 1044, la fin du livre V après 1044, et que l'époque
de la mort de l'auteur doit se rapprocher du milieu du xie siècle.

Résumons. Voici comment pourraient être fixés, selon moi, les
séjours de Raoul Glaber : De 997 à 1004 ou 1005, Saint-Germain
d'Auxerre, sous le gouvernement de l'abbé Heldric, momentanément
à Saint-Léger de Champeaux; de 1004 ou 1005, Moutier-Saint-Jean,
cinq ou six ans avec l'abbé Heldric, cinq ans avec Guillaume; de 1015
à 1030, Saint-Bénigne de Dijon, avec l'abbé Guillaume, momentanément à Bèze, passagèrement à Suze; de 1030 à 1035, Cluni, sous
saint Odilon; de 1035 environ et jusqu'à sa mort, Saint-Germain
d'Auxerre, momentanément à Moustiers, en Puisaie.

---

1. Livre V, chap. i, p. 120.

2. « Cum apud cœnobium Beate semperque virginis Marie, cognomento Mele-
« redense demorarer. » (Livre V, chap. i, p. 117.) Moustiers, cant. de Saint-Sau-
veur, arr. d'Auxerre, est aussi appelé Vallis-Pentana, au xie siècle. Ce monastère
avait été fondé au viiie siècle pour y loger les pèlerins qui allaient à Rome.
Après sa soumission à l'abbaye de Saint-Germain d'Auxerre, il fut réduit à l'état
de prieuré simple et fut ruiné au xvie siècle pendant les guerres de religion.

3. Livre V, chap. i, p. 117.

4. *Gallia christiana*, t. IV, coll. 376-377. Théalde, après avoir été moine, fut
abbé de Saint-Germain d'Auxerre.

VI.

On a beaucoup exagéré l'influence des légendes et les traditions clunisiennes dans les écrits de Raoul Glaber. Il est probable que son séjour dans cette célèbre maison, qui était un centre intellectuel remarquable, sous l'administration respectée de l'abbé Odilon, produisit sur son esprit une impression profonde. Il put être informé des affaires du monde pendant les cinq années qu'il y passa, mais il dut apprendre davantage sous le gouvernement de l'abbé Guillaume, dont il fut vingt ans le subordonné, et beaucoup aussi sous l'abbé Heldric, dont on n'a pas assez parlé, et qui, comme ces grands réformateurs et avant eux, avait été un homme éminent et considérable. Heldric, issu d'une des grandes familles patriciennes de l'Italie, avait quitté le monde, sa femme et ses domaines, pour entrer à Cluni sur les conseils de saint Maieul. En 989, il alla remplacer ce dernier à Saint-Germain d'Auxerre et amena la réforme dans nombre de monastères : Moutier-Saint-Jean, Saint-Léger de Champeaux, Saint-Vivant de Vergy, Moustiers, Flavigny, etc.

Dans les diverses abbayes dont on a parlé, Glaber paraît avoir eu des fonctions spéciales, comme en avait chacun des moines. On le chargeait de réparer les inscriptions qui ornaient les monuments, les autels, les tombeaux ; c'était un *épigraphiste* (voir la notice de M. Prou citée précédemment). Nous l'avons vu à Saint-Germain et à Moustiers remplissant ces fonctions. On peut supposer qu'il eut le même emploi à Saint-Bénigne de Dijon, où les moines, comme il le dit lui-même (liv. III, chap. ix, p. 82), le prièrent de composer l'épitaphe de Hugues, fils aîné du roi, décédé en 1025. C'est pour exécuter de semblables travaux qu'il fut sans doute envoyé quelque temps à l'abbaye de Bèze.

La chronique de Glaber est avant tout une chronique bourguignonne et locale. Il ne faut prendre à la lettre que les faits accomplis dans les monastères où il a résidé et dont il a été témoin. On ne peut accepter certaines dates sans s'exposer à des méprises.

J'en citerai un exemple entre tous, et il a son importance, puisqu'il s'agit de la naissance des fils du roi Robert et de l'origine de Henri Ier qui continue la dynastie des Capétiens.

De tous les auteurs contemporains, Glaber est le seul qui parle de l'âge de Hugues, fils aîné de Robert. Quand il fut sacré en 1017, il avait environ dix ans, « erat puer ferme decennis » (liv. III, chap. ix, p. 84); quand il mourut, en 1025, il en aurait eu vingt-huit : « Ter « denis minus excreverat duobus. » (Liv. III, chap. ix, p. 83.)

On est obligé de transformer ce *ter denis*, que portent tous les manuscrits, en *bis denis*, pour mettre le chroniqueur d'accord avec lui-même. La concordance est toute gratuite et il doit y avoir erreur dans les deux cas. Dans une excellente *Étude sur le règne de Robert le Pieux*, pleine de consciencieuses et de minutieuses recherches, M. Pfister se rallie à ce système et fait naître Hugues en 1007 (p. 70 de cette *Étude*). C'est accorder trop de crédit à Glaber, qui n'avait sans doute jamais vu les fils du roi. Il paraît probable, sinon certain, que Hugues avait plus de dix ans en 1007. M. Pfister a établi avec raison que Constance était mariée avec Robert avant le 26 août 1003. Peut-on croire que cette reine soit restée si longtemps sans avoir d'enfants? Elle a été d'une fécondité assez satisfaisante pour qu'on soit en droit de ne pas prêter à sa robuste constitution un tel retard dans les fonctions de la maternité. Il ne faut pas perdre de vue que, le 18 mai 1008, au concile de Chelles, Robert scelle un diplôme « cum « conjuge ac filiis nostris » (D. Bouquet, t. X, p. 591 E). Il est permis de croire que ses trois fils aînés, sinon les quatre, avaient vu le jour. Pour faire concorder ce « *cum filiis nostris* » avec les affirmations du chroniqueur, M. Pfister dit que la naissance de Hugues en 1007 avait été suivie de celle de Henri. Ajoutons que Robert, premier duc de Bourgogne, devait être né avant 1008 pour mériter le titre de *Vetulus* en 1076, date de sa mort. On doit être plus près de la vérité en reculant de deux ou trois ans la date de naissance des fils du roi Robert et de Constance.

Nous pouvons prendre Glaber en flagrant délit d'inexactitude relativement à l'âge de Henri, dont le nom est cité à propos d'un autre incident (liv. V, chap. I, p. 448). Après avoir parlé d'un prêtre nommé *Frotterius*, doyen de Tonnerre sous Brunon, évêque de Langres, la chronique ajoute : « *sequenti anno*, filius regis Rotberti, « Henricus, qui post illum regnavit, ad eumdem castrum [Tarnodo- « rensem] ira permotus, veniens cum ingenti exercitu, multa ibidem « hominum cœdes ab utraque parte pertrata est. » En supposant que ces faits se soient accomplis l'année qui suivit le décès de Brunon, en 1017, Henri qui conduisait cette armée aurait eu neuf ans tout au plus, ce qui est peu vraisemblable. Ici, Glaber n'est pas bien servi par ses souvenirs et fait confusion avec des événements ultérieurs. Ce n'est, en effet, que onze ou douze ans plus tard, en 1028-1029, qu'eut lieu cette action de guerre. Le jeune Robert, fils du roi, n'ayant rien obtenu de l'héritage paternel après que son frère Henri fut associé au trône, en 1027, s'était ouvertement révolté, avait soulevé la Bourgogne, s'était emparé de Beaune et d'Avallon (liv. III, chap. IX, p. 84). Henri avait lui-même pris la ville de Dreux et était revenu en

Bourgogne pour soutenir la lutte contre son frère; c'est à ce moment qu'eut lieu à Tonnerre une sanglante bataille, dont les historiens ne tiennent pas un compte suffisant. Il faut donc rapprocher les deux épisodes du livre V, chap. i, p. 118, et du livre III, chap. ix, p. 84. Puis le roi réunit une armée pour réduire ses fils et il en résulta une guerre pire que la guerre civile, « bellum plusquam civile patratur. »

Malgré ses imperfections et ses erreurs, la chronique de Raoul Glaber est une des plus précieuses du moyen âge et une des plus célèbres pour une époque qui offre si peu de sources historiques; mais, pour que son texte se clarifie, pour ne laisser perdre aucune des mentions qu'elle contient, peut-être faudra-t-il d'autres études et des rapprochements nouveaux, qui viendront éclairer cette période encore obscure de notre histoire nationale.

Ernest Petit.

P. S. Au moment même de la correction de ces épreuves, nous recevons d'Allemagne une nouvelle étude sur Raoul Glaber; c'est une thèse de doctorat de M. Heinrich Kuypers. [*Studien über Rudolf den Kalhen (Rodulfus Glaber).* Goch, 1891, 170 pages. In-8°.]

Les conclusions ne diffèrent pas sensiblement de celles de M. Sackur, mais il est utile de tenir compte de diverses observations que nous n'avons pas le temps d'étudier, alors qu'on nous presse pour le renvoi de ces épreuves. Notons cependant ceci : M. Kuypers remarque que notre chroniqueur était bachelier lorsqu'il était à Saint-Bénigne. Glaber dit en parlant de lui-même : « Meus baccalaris ubi est? » (Livre V, p. 117 de la chr.) Comme ce terme ne serait pas appliqué à une personne d'un certain âge, peut-être faut-il donner raison à ceux qui rapprochent sa naissance de l'année 990 ; cela confirme aussi notre sentiment sur son arrivée à Saint-Bénigne, au plus tard en 1015. M. Kuypers dit que le séjour de Glaber à Bèze eut lieu en 1033, c'est possible.

Mais un point capital, un point qu'il est bon de discuter, et sur lequel il est difficile de partager l'avis des deux savants allemands, c'est la question de savoir, comme ils l'affirment, si Glaber a passé la première partie de sa vie et jusqu'en 1018 à Saint-Léger de Champeaux. L'insignifiance de ce monastère n'a point été suffisamment démontrée.

Veut-on nous permettre de dire qu'ayant, pendant de longues années, dépouillé le fonds si riche des archives ecclésiastiques de la Côte-d'Or, consulté les cartulaires et tenu, une à une, toutes les pièces relatives à chaque monastère, nous avons pu relever un certain nombre d'abbés et de personnages omis par la *Gallia,* retrouver dans un coin ou dans un autre des révélations inattendues sur des établissements religieux dont on ne soupçonnait pas l'existence, et dont beaucoup avaient disparu déjà au xii° siècle, mais on ne rencontre sur Saint-Léger que des notes sans valeur, attestant le rôle secondaire et effacé de cette maison, qui ne fut jamais, comme à l'époque du diplôme royal de 995, qu'une pauvre *abbatiola*, et plus tard qu'un prieuré sans importance.

On peut donc discuter l'opinion de savoir si Glaber a fait ses études à Saint-Germain, puisqu'il ne l'affirme pas, mais, en dépit du passage équivoque de son récit, ce ne peut être à Saint-Léger, qui ne paraît avoir été qu'un simple pénitentiaire pour les religieux de Saint-Germain subissant une peine disciplinaire momentanée. Ce n'est pas là qu'il aurait pu acquérir ces connaissances dont il se montre fier, ni se trouver en rapport avec des religieux de tout âge qu'il énumère. On n'a même pas tenu compte du terme *aliquando*, dont il se sert en parlant de son passage dans cette maison.

Tout cela est encore à étudier, car la lumière est, comme on a déjà dit, loin d'être complète pour ce qui regarde Glaber et son époque.

(Extrait de la *Revue historique*, tome XLVIII, 1892.)

Nogent-le-Rotrou, imprimerie DAUPELEY-GOUVERNEUR.